Stadt - Land - Abenteuer

Lektüren für Jugendliche
A1

Familie auf Probe
Auf Tour in Frankfurt

von Susan Hulström-Karl

Alles Digitale zu diesem Buch kann auf der Lernplattform
allango von Ernst Klett Sprachen abgerufen werden. So geht's:

QR-Code scannen oder **www.allango.net** aufrufen	Buchtitel oder ISBN in der Suche eingeben und auf das Buchcover klicken	Zum Inhalt navigieren, direkt abrufen oder speichern

Zu diesem Buch auf allango verfügbar: **Hörbuch, Entdeckertouren.**

Ernst Klett Sprachen
Stuttgart

1. Auflage   1 $^{7\ 6\ 5\ 4\ 3}$ | 2028 27 26 25 24

Alle Drucke dieser Auflage sind unverändert und können im Unterricht nebeneinander verwendet werden.
Die letzte Zahl bezeichnet das Jahr des Druckes. Das Werk und seine Teile sind urheberrechtlich geschützt. Jede Nutzung in anderen als den gesetzlich zugelassenen Fällen bedarf der vorherigen schriftlichen Einwilligung des Verlages.

Autorin: Susan Hulström-Karl

Redaktion: Benjamin Linhart, Claudia Weichselfelder, Arkadiusz Wrobel
Reihenkonzept: Benjamin Linhart
Layoutkonzeption: Sabine Kaufmann
Illustrationen: Matthias Pflügner, Berlin
Tonregie und Schnitt: Gunther Pagel, Top 10 Tonstudio, Viernheim
Sprecher: Christian Birko-Flemming
Gestaltung und Satz: DOPPELPUNKT, Stuttgart
Umschlaggestaltung: Sabine Kaufmann
Druck und Bindung: Plump Druck & Medien GmbH, Rheinbreitbach

Printed in Germany
ISBN 978-3-12-674054-8

PEFC

Förderung
nachhaltiger
Waldbewirtschaftung

PEFC/04-31-3752   www.pefc.de

Inhalt

Entdeckertouren

- ❯ Mache nach jedem Kapitel eine digitale Entdeckertour.
- ❯ Starte die Entdeckertour auf allango (siehe Seite 1).
- ❯ Lerne an jeder Station die Region besser kennen.
- ❯ Kommst du ans Ziel?

Frankfurt am Main

Land:	Deutschland
Bundesland:	Hessen
Einwohner und Einwohnerinnen:	750 000

Frankfurt am Main ...

- ❯ ist die fünftgrößte Stadt in Deutschland.
- ❯ hat den größten Flughafen in Deutschland.
- ❯ ist die Stadt der Wolkenkratzer.
- ❯ ist ein wichtiges Finanzzentrum.
- ❯ organisiert die größte Buchmesse der Welt.
- ❯ ist der Geburtsort von Johann Wolfgang von Goethe.
- ❯ hat einen Bundesliga-Fußballclub: Eintracht Frankfurt.

Eltville ...

- ❯ ist eine kleine Stadt am Rhein (17 000 Einwohnerinnen und Einwohner).
- ❯ liegt circa 45 km von Frankfurt am Main entfernt.
- ❯ ist bekannt für die Produktion von Wein und Sekt.

Lana Wallmann ist 17 Jahre alt, freundlich, hilfsbereit und geduldig. Sie ist am Gymnasium in Frankfurt am Main und macht nächstes Jahr Abitur[1]. Ihre Mutter ist vor zwei Jahren gestorben. Lana liebt Musik und Lesen.

Leo Wallmann

Lana Wallmann

Leo Wallmann, Lanas Vater, wohnt in Frankfurt und arbeitet bei einer Bank dort. Er ist seit zwei Jahren verwitwet[2]. Er liebt Silke und möchte nach Eltville am Rhein umziehen.

[1] **das Abitur**: wichtige Prüfungen am Ende der Schulzeit
[2] **verwitwet**: hier: Seine Frau ist tot.

Die Personen

Silke Leyering-Koch

Sebastian Koch ist 12 Jahre alt, frech[4], aber etwas unsicher. Seine Eltern sind geschieden.
Er mag Geschichte und Musik, spielt aber auch Fußball und am Computer.

Sebastian Koch

Silke Leyering-Koch, Sebastians Mutter, ist Winzerin[3] und wohnt mit Sebastian in Eltville. Sie ist seit drei Jahren geschieden. Sie liebt Leo und freut sich, dass er nach Eltville umziehen möchte.

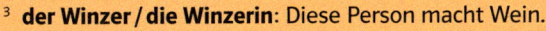

[3] **der Winzer / die Winzerin**: Diese Person macht Wein.
[4] **frech**: provozierend

der Hügel

die Weinrebe

die Altstadt

Kapitel 1

das Weingut

die Heugabel

das Märchen

der Kopfhörer

das Kopfkissen

Eltville am Rhein

Es ist kurz vor 18 Uhr an einem Donnerstagabend im Juni.
Die Sonne scheint in Eltville am Rhein. In der Altstadt, im
Rosengarten und am Fluss sind noch viele Touristen.
Der Rhein fließt nach Norden – wie immer. Die Hügel sind
grün – wie immer. Die Weinreben stehen in geraden
Linien – wie immer. Eltville ist eine Stadt wie aus einem
Märchen – schön, ruhig und harmonisch.

Eintracht[5] in Eltville!

„Papa, mir ist so langweilig. Ich bleibe keine drei Wochen
hier. Können wir bitte wieder nach Frankfurt gehen?"
Lana spricht mit ihrem Vater. Beide sitzen im Garten auf
dem Weingut Leyering. Er liest E-Mails auf seinem Tablet.
Sie malt ein Bild für ihre Zimmertür.
„Lana! Wir sind seit drei Tagen hier. Ein bisschen Geduld[6],
bitte. Ich habe drei Wochen Urlaub und wir bleiben drei
Wochen in Eltville. Okay?"
„Nein, nicht okay." Lana steht auf und geht ins Haus.

Das Weingut Leyering ist nur einen Kilometer von Eltville
entfernt. Aber hier ist wenig[7] Eintracht. Seit drei Tagen
wohnen zwei Familien in einem schönen, alten Haus
zusammen: Ein Vater mit seiner Tochter und eine Mutter
mit ihrem Sohn.

● ● ●

[5] **die Eintracht**: die Harmonie
[6] **die Geduld**: warten können
[7] **wenig**: nicht viel

Leo, der Vater, und Silke, die Mutter, kennen sich seit sechs
Monaten. Sie sind verliebt und möchten nächstes Jahr
heiraten. Jetzt sollen ihre Kinder sich besser kennenlernen.
Deshalb läuft seit drei Tagen das Experiment
5 „Probewohnen"[8]. Leos Tochter Lana und Silkes Sohn
Sebastian finden diese Idee schlecht.

In der Küche bereitet Silke das Abendessen vor[9]: frisches
Brot, Wurst und Salat. Silke ist müde. Sie muss diese Woche
viel organisieren, denn am Samstag kommt ein Bus mit
10 Touristen für eine Weinprobe[10].
Lana kommt in die Küche. „Oje, Silke, kann ich bitte Käse
haben? Ich esse keine Wurst."
Leo ist jetzt auch da und fragt: „Kann ich dir helfen, Silke?"
Dann setzt er sich hin und liest seine E-Mails weiter.
15 Zum Schluss kommt Sebastian und nimmt neben seiner
Mutter Platz. „Wenn sie die Wurst nicht will, esse ich ihre
Portion."
Dann ist es still. Alle essen, niemand spricht. Silke und Leo
sehen sich besorgt[11] an.
20 Plötzlich sagt Sebastian: „Übrigens[12], Mama, ich fahre
morgen mit Max nach Frankfurt."
„Das glaube ich nicht, Basti!"
„Warum? Was ist das Problem?"

● ● ●

[8] **das Probewohnen**: Die Familie wohnt das erste Mal zusammen. Das ist
ein Test.
[9] **vorbereiten**: Die Arbeiten vor einem Event machen.
[10] **die Weinprobe**: Gäste kommen und probieren den Wein.
[11] **besorgt**: Sorgen oder Angst haben.
[12] **übrigens**: hier: Damit beginnt Sebastian ein neues Thema.

„Erstens warst du noch nie allein in Frankfurt. Zweitens kenne ich deinen neuen Freund nicht und drittens brauche ich morgen deine Hilfe. Am Samstag ist die Weinprobe."

„Warum brauchst du mich? Leo ist jetzt da. Er kann dir doch helfen. Und ich gehe nicht allein, ich gehe mit Max. Max ist cool und er war schon oft allein in Frankfurt."

Silke antwortet nicht. Sie ist nicht glücklich. Leo sieht das und sagt: „Ich helfe dir gern morgen, Silke. Und Lana, du willst doch morgen auch nach Frankfurt fahren. Du kannst ein bisschen auf Sebastian aufpassen, oder?"

„Toll, jetzt bin ich Babysitter", sagt Lana. Aber dann sieht sie das Gesicht ihres Vaters und sagt: „Ja, gut, Papa. Aber ich bin nicht den ganzen Tag mit ihm zusammen."

„Nein, aber vielleicht könnt ihr im Zug zusammenbleiben", sagt Silke. „Siehst du, Basti, vier sind besser als zwei!"

Sebastian ist nicht einverstanden[13]: „Niemand muss auf mich aufpassen! Ich bin fast[14] 13. Und übrigens, diese Idee mit der Pitchfork-Familie finde ich blöd!" Sebastian nimmt seinen Teller, steht vom Tisch auf und geht in sein Zimmer.

„Pitchfork-Familie? Was meint er?", fragt Silke. „Pitchfork ist doch eine Heugabel, oder?"

Lana lacht. „Ich glaube, er meint Patchwork-Familie[15]. Aber er hat recht, eine Patchwork-Familie ist echt doof[16]!" Sie steht auch auf und geht aus der Küche.

Silke und Leo sehen sich an. Was machen sie, wenn die Kinder sich nicht mögen?

● ● ●

[13] **einverstanden sein**: die gleiche Meinung haben

[14] **fast**: nicht ganz

[15] **die Patchwork-Familie**: eine Familie, aber die Kinder haben nicht alle den gleichen Vater oder die gleiche Mutter

[16] **doof**: dumm

Später am Abend geht Sebastian zu Lanas Zimmer. Lana
hat jetzt das Bild an die Tür gehängt.
Sebastian klopft nicht an und macht die Tür auf. „Nur, dass
es klar ist: Ich fahre nicht mit dir nach Frankfurt. Und wie
du deinen Namen schreibst, ist echt blöd."
Lana sitzt an einem Tisch vor einem Laptop mit ihrem
Rücken zur Tür. Sie trägt ihren Kopfhörer und hört
Sebastian nicht.
Er ruft ganz laut: „Hey!"
Lana nimmt den Kopfhörer ab[17] und dreht sich um[18]. Jetzt
sieht er, dass sie weint.
„Warum bist du in meinem Zimmer? Stehst du schon lang
da?", fragt sie.
„Hast du mich nicht gehört?"

●●●

[17] **abnehmen**: hier: vom Kopf wegmachen
[18] **sich umdrehen**: den Körper bewegen und in eine andere Richtung
sehen

„Nein. Die Musik war wohl ein bisschen laut. Brauchst du etwas?"

„Warum weinst du?"

„Ach nichts. Das ist mein alter Laptop. Ich habe Bilder und Videos von meiner Mutter gefunden."

„Ach so. Warum weinen Mädchen immer? Ich weine nicht, wenn ich Bilder von meinem Vater sehe und er ist in Berlin. Wo ist deine Mutter jetzt?"

„Weißt du das nicht? Meine Mutter lebt nicht mehr."

„Echt? Puh, das ist hart. Warum ist sie gestorben?"

„Krebs[19]. Aber darüber spreche ich nicht. Was willst du, Basti?"

Er denkt kurz nach[20], dann sagt er: „Ach so, ja. Morgen möchte ich früh losfahren."

„Gut. Aber nicht vor 9 Uhr. Gute Nacht, Basti."

„Sag nicht Basti zu mir!" Er steht noch in der Tür. „Du solltest die Bilder und Videos in eine Cloud hochladen[21]."

„Was? Warum?"

„Na ja, deine Mutter sitzt jetzt auf einer Wolke, dann passt das doch. Und du könntest die Bilder und Videos dann immer ansehen. Laptop, Handy, überall."

„Geh sofort aus meinem Zimmer!" Lana ist richtig sauer[22].

„Was hast du denn?"

„Raus, Basti!" Lana nimmt das Kopfkissen von ihrem Bett.

„Sag nicht Basti zu mir!"

„Und rede du nicht über meine Mutter!"

●●●

[19] **der Krebs**: hier: eine Krankheit; oft nicht heilbar
[20] **nachdenken**: über ein Thema denken
[21] **hochladen**: hier: eine Datei in einer Cloud speichern
[22] **sauer**: hier: wütend

Lana wirft das Kopfkissen. Sebastian macht die Tür schnell zu. Das Kissen trifft die Tür und fällt auf den Boden. Lana setzt den Kopfhörer wieder auf und macht die Musik laut. Es geht nicht! Sie kann mit diesem Jungen nicht
5 zusammenwohnen. Warum können sie und Papa nicht einfach in der Wohnung in Frankfurt bleiben? Warum muss er wieder heiraten? Und warum muss sie mit Sebastian und seinem Freund nach Frankfurt fahren?

Sebastian ist wieder in seinem Zimmer und spielt am
10 Computer. Das Spiel hat er von Max, seinem neuen Freund an der Schule. Max sagt, dass das Spiel echt cool und supereinfach ist. Sebastian findet es nicht einfach und auch nicht schön. Aber Max sagt, dass nur eine totale Null[23] Angst vor einem Computerspiel hat. Nach zwanzig Minuten
15 macht Sebastian seinen Computer aus und geht unglücklich ins Bett. Er will nicht mit Lana nach Frankfurt fahren. Seine Mutter ist so doof.

Unten im Wohnzimmer sprechen Silke und Leo über die Kinder, über die Weinprobe und über die Zukunft. Vielleicht
20 ist es einfacher, wenn sie nicht heiraten.

Keine Eintracht in Eltville!

● ● ●
[23] **eine totale Null**: hier: jemand, der nichts kann

Du bist dran!

A Was ist richtig (R)? Was ist falsch (F)?

1. _R_ Eltville ist eine schöne, alte Stadt am Rhein.

2. _____ Lana möchte drei Wochen in Eltville bleiben.

3. _____ Leo und Silke wollen nächstes Jahr heiraten.

4. _____ Lana und Sebastian finden eine Patchwork-Familie keine gute Idee.

5. _____ Silke möchte nicht, dass Sebastian mit Max nach Frankfurt fährt.

6. _____ Leo fährt am Freitag auch nach Frankfurt und passt auf Sebastian auf.

7. _____ Sebastian ist 13 Jahre alt.

8. _____ Lanas Mutter ist gestorben.

B Korrigiere die drei falschen Sätze.

_____

_____

_____

_____

_____

_____

Lösungen: **A:** 1. R; 2. F; 3. R; 4. R; 5. R; 6. F; 7. F; 8. R. **B:** 2. Lana möchte nicht drei Wochen in Eltville bleiben. 6. Lana fährt am Freitag auch nach Frankfurt und passt auf Sebastian auf. 7. Sebastian ist fast 13 Jahre alt.

Klein oder groß?

ie Straßenmusik

die Straßenbahn

das Spaghettieis

Kapitel 2

der Glücksbringer

die Nachricht

W. von Goethe (1749–1832)

as Fußballstadion

die Scheune

Frankfurt, Freitagvormittag

Leo fährt Lana, Sebastian und Max am nächsten Morgen
zum Bahnhof. Der Zug ist pünktlich. Die Fahrt von Eltville
nach Frankfurt dauert eine Stunde. Lana sitzt nicht mit
Max und Sebastian zusammen, aber sie kann die beiden
sehen und hören – leider. Warum reden Jungs immer so
einen Unsinn[24]? Sie sieht aus dem Fenster und plant ihren
Tag: Zuerst trifft sie ihre Freundin Sophie. Dann geht sie
nach Hause und holt ihr Musikinstrument. Danach geht sie
kurz ins Städel Museum und zum Schluss macht sie in der
Altstadt Straßenmusik. Das wird ein schöner Tag!

Am Hauptbahnhof in Frankfurt steigen Sebastian und Max
schnell aus.
„Sebastian, stopp!", ruft Lana. „Ich glaube, du hast etwas
vergessen. Hier, dein Rucksack. Er ist richtig voll. Was hast
du da drin?"
„Nichts. Danke. Also bis später."
„Moment. Nicht so schnell! Ich brauche deine
Handynummer."
„Sag mir deine Nummer und ich schreibe dir eine
Nachricht."
Lana sagt ihre Nummer. Beide schauen auf ihre Handys.
Sebastians Nachricht kommt an.
„Gut. Danke. Ich treffe jetzt eine Freundin in der Stadt. Was
macht ihr?"
„Wir gehen zur Paulskirche und dann zum Fußballstadion."
„Paulskirche? Was macht ihr dort?"

●●●

[24] **Unsinn reden**: etwas sagen, das dumm oder sinnlos ist

„Nach den Sommerferien sind in der Schule Projekttage[25].
Unsere Klasse hat das Thema ‚Demokratie'. Max und ich
sollen Bilder und Infos über die Paulskirche mitbringen."
„Fleißig, fleißig! Und was macht ihr am Stadion? Die
Bundesliga-Saison ist zu Ende."

„Das weiß ich, aber die U19-Mannschaft[26] von Eintracht
Frankfurt[27] trainiert heute Nachmittag auf dem Platz neben
dem Stadion. Wir schauen zu."
„Gut. Viel Spaß. Wir treffen uns wieder am Gleis 23 um
16:45 Uhr. Der Zug fährt um 16:53 Uhr ab. Wenn du ein

Problem hast, schreibst du mir oder rufst mich an. Ist das
klar?"
„Ja, ja, ja."

● ● ●

[25] **die Projekttage**: Man diskutiert zwei oder drei Tage lang über ein
    Thema in der Schule.
[26] **die U19-Mannschaft**: ein Team und alle sind unter 19
[27] **Eintracht Frankfurt**: Fußballclub aus Frankfurt am Main

Sebastian und Max laufen in Richtung Straßenbahn.
Lana ruft ihnen nach: „Hallo, ihr könnt zur Paulskirche
laufen. Später fahrt ihr mit der Straßenbahn zum Stadion."
„Das wissen wir. Wir sind doch nicht blöd", ruft Sebastian.
5 „Aha." Lana schüttelt den Kopf[28]. Dann geht sie auf den
Platz vor dem Bahnhof. Sie atmet tief ein und aus[29]:
„Frankfurt, mein Frankfurt, ich liebe dich!"

Ihre Freundin Sophie wartet schon auf sie. Sie diskutieren,
zu welchem Einkaufszentrum sie lieber gehen: MyZeil oder
10 Skyline Plaza. Dann laufen sie in Richtung Skyline Plaza.
Zwei Stunden später sitzen Lana und Sophie im Eiscafé
Dolomiti im Erdgeschoss des Einkaufszentrums und essen
zusammen ein großes Spaghettieis. Lecker! Beide sind
zufrieden. Sophie hat schöne Sandalen gefunden und Lana
15 hat drei T-Shirts und ein Sommerkleid gekauft.
„Wie gefällt es dir in Eltville?", fragt Sophie.
„Ach, Sophie! Es ist schlimm. Silke ist nett, aber ich verstehe
meinen Vater nicht. Er will alles hier aufgeben[30] und aufs
Land ziehen[31]. Das ist doch verrückt!"
20 „Bleibst du dann bei uns auf der Schule?"
„Gute Frage! Ich möchte nicht ein Jahr vor dem Abitur auf
eine neue Schule gehen und ich will auch nicht jeden Tag
zwei Stunden mit dem Zug hin und her fahren. Leider bin
ich noch nicht 18! Dann könnte ich allein hier in unserer
25 Wohnung bleiben."

●●●

[28] **den Kopf schütteln**: den Kopf von links nach rechts bewegen; hier:
Lana wundert sich.
[29] **einatmen und ausatmen**: Luft durch die Nase ziehen und wieder von
sich geben
[30] **etwas aufgeben**: etwas nicht mehr haben oder machen
[31] **aufs Land ziehen**: umziehen und nicht mehr in einer Stadt wohnen

Sophie denkt kurz nach. Dann sagt sie: „Mein Bruder studiert ab Oktober an der Universität in Berlin. Vielleicht kannst du von Montag bis Freitag bei uns wohnen."

Lana sieht ihre Freundin mit großen Augen an: „Sophie! Das ist eine tolle Idee. Glaubst du, deine Eltern erlauben das?"

„Na ja, letztes Jahr hatten wir für drei Monate einen Studenten aus Spanien bei uns. Das war ganz lustig! Und meine Eltern kennen dich."

„Oh, Sophie, das ist ja cool. Eltville ist schön, aber Sebastian ist total frech. Weißt du, was er gestern Abend gesagt hat?"

Und dann erzählt[32] Lana. Sophie hört zu und findet es auch schlimm. Beide sind sich einig[33]: Sebastian ist unmöglich[34]!

„Weißt du was? Ich gehe sofort nach Hause und spreche mit meinen Eltern."

„Danke, Sophie. Du bist die beste Freundin der Welt[35]! Schreib mir, wenn es klappt[36]."

„Ja, klar. Was machst du jetzt?"

„Ich gehe kurz nach Hause und dann ins Städel Museum zu Goethe."

„Zu deinem Glücksbringer? Machst du heute wieder Straßenmusik?"

„Richtig."

„Dann viel Spaß und ich rufe dich an. Tschüss."

„Danke. Tschüss."

● ● ●

[32] **erzählen**: sagen, was passiert ist
[33] **sich einig sein**: die gleiche Meinung haben
[34] **unmöglich**: hier: blöd
[35] **die Welt**: der Planet Erde
[36] **es klappt**: es funktioniert; hier: wenn Sophies Eltern Ja sagen

„Leo, die Tische stehen falsch. Hast du meinen Plan nicht
gesehen?", fragt Silke genervt.
In der großen Scheune auf dem Weingut Leyering bereiten
Silke und Leo die Weinprobe vor, aber sie arbeiten nicht
gut zusammen. Es ist Silkes erste große Weinprobe seit
zwei Jahren und Leo soll die Tische und Bänke genauso
aufstellen[37], wie Silke das will. Dann soll er die Weingläser
sauber machen und die Weinflaschen in die großen
Kühlschränke legen.

Silke geht ins Büro. Sie muss die Preisliste ausdrucken.
Später will sie die Tische decken und die Scheune mit
Blumen dekorieren.

● ● ●
[37] **aufstellen**: positionieren

Leo steht jetzt allein in der Scheune und ist nicht glücklich. Er möchte Silke gern helfen, aber er darf nichts entscheiden[38]. Sie findet alle seine Ideen schlecht. Bei seiner Arbeit in der Bank hat er viel Stress, aber er fühlt sich dort wichtig. Hier soll er nur Tische aufstellen und Weingläser sauber machen. Er hat sich die Arbeit auf einem Weingut anders vorgestellt[39]. Er möchte lieber durch die Weinreben spazieren, im Keller die Weine probieren oder nette Gespräche mit Kundinnen und Kunden haben. Diese körperliche Arbeit[40] gefällt ihm gar nicht. Warum hat Silke keine Aushilfen[41]?

Silke kommt zurück und sieht, dass Leo nicht glücklich ist. Sie ist besorgt. Vielleicht ist es keine gute Idee, wenn Leo seinen Beruf aufgibt und auf dem Weingut arbeitet. Sie schlägt Leo eine Pause vor. Beim Mittagessen will sie in Ruhe mit ihm sprechen.

● ● ●

[38] **entscheiden**: eine Option aus vielen Optionen wählen
[39] **sich etwas vorstellen**: etwas in der Fantasie sehen oder visualisieren
[40] **körperliche Arbeit**: Man arbeitet mit den Händen.
[41] **die Aushilfe**: Diese Person arbeitet stundenweise und nur, wenn man sie braucht.

Du bist dran!

A Was weißt du noch? Ergänze die Wörter.

1. Die Fahrt von Eltville nach Frankfurt dauert ____ _____.
2. Lana möchte nach dem Treffen mit Sophie kurz nach
   _____ und dann ins Städel Museum gehen.
3. Sebastian und Max müssen mit der _____
   zum Stadion fahren.
4. Lana kann vielleicht bei Sophies Familie wohnen, denn
   Sophies Bruder studiert ab Oktober in _____.
5. Silke ist genervt, denn Leo stellt die _____
   in der Scheune falsch auf.

B Verbinde die Wörter und die Textstellen.

1. Haupt-	-schaft	a) Seite 21, Zeile 6
2. Handy-	-tage	b) Seite 20, Zeile 11
3. Projekt-	-bahnhof	c) Seite 22, Zeile 15
4. Mann-	-nummer	d) Seite 24, Zeile 4
5. Einkaufs-	-kleid	e) Seite 20, Zeile 18
6. Sommer-	-probe	f) Seite 22, Zeile 9
7. Glücks-	-bringer	g) Seite 21, Zeile 1
8. Wein-	-zentrum	h) Seite 23, Zeile 21

Lösungen: **A:** 1. eine Stunde, 2. Hause, 3. Straßenbahn, 4. Berlin, 5. Tische;
B: 1. Hauptbahnhof + b, 2. Handynummer + e, 3. Projekttage + g, 4. Mannschaft + a,
5. Einkaufszentrum + f, 6. Sommerkleid + c, 7. Glücksbringer + h, 8. Weinprobe + d

das Erhu

der Wolkenkratzer

der Schal

Kapitel 3

der Pokal

die Garderobe

der Klappstuhl

das Tor, der Torwart

das belegte Brot

Der Schal

Gerade als Sophie und Lana Tschüss sagen und Silke und
Leo in der Küche zu Mittag essen, steigen Sebastian und
Max aus der Straßenbahn an der Haltestelle ‚Stadion' aus.
Auf Sebastians Handy sind jetzt viele Fotos von der
Paulskirche. Und eine sehr nette Dame hat ihnen so viele
Prospekte mit Informationen zur Paulskirche gegeben, dass
Sebastian sie in einer Tüte[42] tragen muss.

Das Stadion von Eintracht Frankfurt liegt nicht weit vom
Frankfurter Flughafen und heißt seit 2020 Deutsche Bank
Park. Max ist seit dem Kindergarten Eintracht-Fan und
war oft mit seinem Onkel im Stadion. Für Sebastian ist das
alles neu. Er ist sehr aufgeregt[43]. Das Training der U19-
Mannschaft beginnt bald auf einem Trainingsplatz hinter
dem Stadion, aber Sebastian und Max wollen zuerst um
das Stadion laufen und Bundesliga-Atmosphäre einatmen.
Nach ein paar Metern fällt Sebastian etwas ein[44]. Er stellt
seinen Rucksack auf den Boden und holt einen Schal
heraus.
„Woher hast du den?", fragt Max mit großen Augen.
„Von Leo. Er ist der Freund meiner Mutter."
„Toll! Der Schal ist von 2018. Da haben wir den Pokal
gewonnen. Drei Tore gegen Bayern München. Hat der
Freund deiner Mutter ihn dir einfach gegeben?"

● ● ●

[42] **die Tüte**: eine leichte Tasche; oft aus Plastik oder Papier
[43] **aufgeregt**: nicht ruhig; nervös
[44] **einfallen**: plötzlich eine Idee haben

Sebastian antwortet nicht. Leo weiß nicht, dass Sebastian
den Schal heute dabeihat.
Max ist begeistert[45]: „Gib ihn mal her!"
„Nein, lieber nicht."
5 „Hey, ich will ihn nur kurz tragen."
„Okay. Aber pass bitte auf!"
„Du bist so ein Baby. Ich mache ja nichts!"
Max nimmt den Schal und legt ihn um den Hals. Er lacht
zufrieden. „Danke, Basti!", ruft er und rennt davon.
10 „Max, spinnst du?[46] Gib mir den Schal wieder!", ruft
Sebastian.
„Hol ihn dir!"

Neben dem Einkaufszentrum Skyline Plaza steht ein
Wolkenkratzer. Der Grand Tower ist 172 Meter hoch und hat
15 über 400 Luxuswohnungen. Lana wohnt seit fünf Jahren
hier, zuerst mit beiden Eltern und später nur mit ihrem
Vater. Sie ist fast die einzige Person unter 30 Jahren im
ganzen Tower, aber das stört[47] sie nicht.

Lana fährt mit dem Fahrstuhl in den 20. Stock. Sie macht
20 die Wohnungstür auf, stellt ihre Einkaufstaschen ab, holt
sich etwas zu trinken aus der Küche und geht in ihr Zimmer.
In der Ecke steht ein Musikinstrument, ein Erhu. Lana setzt
sich hin. Sie atmet ein paar Minuten ruhig ein und aus.
Und dann spielt sie.

● ● ●
[45] **begeistert sein**: sehr große Freude haben
[46] **„Spinnst du?"**: „Bist du verrückt?"
[47] **nicht stören**: hier: Es ist für Lana kein Problem.

Sie übt eine halbe Stunde lang. Danach zieht sie ein T-Shirt an. Darauf sind das Bild einer Orchidee und die Worte LanA spielt für euch. Schließlich legt sie das Erhu in einen Instrumentenkoffer. Im Wohnzimmer schaut sie kurz aus dem Fenster und genießt den Blick über Frankfurt. Es ist schade, dass sie hier nicht mehr wohnen soll.

Zehn Minuten später ist Lana wieder auf der Straße. Den Koffer mit dem Erhu hält sie in der rechten Hand. In der linken Hand trägt sie einen Klappstuhl. Ihre Einkäufe sind jetzt in einem Rucksack. Auf dem Kopf hat sie eine Mütze. Sie läuft schnell in Richtung Holbeinsteg und Städel Museum, denn bevor Lana Straßenmusik macht, hat sie ein Ritual: Sie geht ins Städel Museum zu einem bestimmten Bild, denn sie glaubt, das bringt ihr Glück.

Gerade als sie am Hauptbahnhof vorbeiläuft, klingelt[48] ihr
Handy. Die Nummer kennt sie nicht, aber sie nimmt das
Gespräch an.

„Guten Tag. Spreche ich mit der Schwester von Sebastian
5 Koch?"

„Nein. Ähm, ich meine ... Mit wem spreche ich bitte?"

„Hier ist Jens Winter von Eintracht Frankfurt. Können Sie
bitte zum Stadion kommen und Ihren Bruder abholen?"

„Wie bitte? Ist das ein Witz[49]? Was ist passiert? Ist Sebastian
10 da? Darf ich bitte mit ihm sprechen?"

„Ja, natürlich."

Sebastian weint fast: „Lana, du musst zum Stadion
kommen."

Lana fragt: „Was ist los?"

15 „Sie glauben nicht, dass er mir gehört[50]."

„Wer sind ,sie'? Wer ist ,er'? Bist du allein? Wo ist Max?"

„Max ist weg."

„Warum ist er weg? Ihr solltet zusammenbleiben."

„Ich habe ihn geschlagen[51]."

20 „Was? Warum schlägst du deinen Freund?"

„Er ist blöd. Er hatte den Schal. Aber es ist okay, es war nur
sein Arm und er wollte mich dann auch schlagen."

„Ach so, dann ist es okay? Interessant. Und über welchen
Schal sprichst du?"

25 Sebastian antwortet nicht.

●●●

[48] **klingeln**: mit einem Ton zeigen, dass jemand anruft
[49] **der Witz**: eine kurze humorvolle Geschichte
[50] **gehören**: hier: Das ist mein Schal.
[51] **schlagen**: jemanden mit der Hand treffen

„Moment", sagt Lana. „Gestern war Papas Pokalschal an der Garderobe. Meinst du seinen Schal?"

Sebastian sagt wieder nichts.

„Spinnst du? Wenn mein Vater das hört, dann …"

„Bitte sag ihm nichts. Komm einfach hierher. Der Trainer der U19-Mannschaft hat alles gesehen und er sagt, ich muss hierbleiben, bis du mich abholst."

„Das ist total ärgerlich." Lana denkt kurz nach. „Ich brauche fast 30 Minuten bis zum Stadion! Wo bist du genau?"

„Auf dem Trainingsplatz hinter dem Stadion. Ich muss neben dem Tor stehen und die Bälle für Jens holen."

„Ist das wirklich Jens Winter?"

„Ja, warum?"

„Nichts." Lana denkt kurz nach. „Gut, ich komme."

Eine Stunde später sitzen Lana und Sebastian auf einer Bank[52] neben dem Trainingsplatz und essen belegte Brote. Der Schal liegt zwischen ihnen. Das Training der U19-Mannschaft ist zu Ende und der Trainer und die Spieler sind nicht mehr auf dem Platz.

„Schal und Brote! Jetzt verstehe ich, warum der Rucksack so voll war! Macht Silke immer so viele Brote, wenn du aus dem Haus gehst?"

„Das sind nicht viele. Das ist normal."

„Aha. Aber jetzt sag mal: Was ist genau passiert? Schlägst du oft deine Freunde?"

● ● ●

[52] **die Bank**: hier: ein Sitz für zwei oder drei Personen; oft aus Holz oder Metall

„Nein, nie! Das war das erste Mal. Es war so: Wir laufen um
das Stadion. Ich hole den Schal aus dem Rucksack. Max
nimmt ihn, aber er gibt ihn mir nicht zurück. Ich war so
sauer. Und dann … Wumm! Ich habe ihn geschlagen."
Er schaut Lana verlegen[53] an. Er weiß, dass man niemanden
schlagen darf. Sie schüttelt nur den Kopf.
„Na ja, und dann will Max mich schlagen. Aber er trifft mich
nicht. Ich nehme ihm den Schal weg und in diesem
Moment kommen die Spieler der U19-Mannschaft vorbei
und denken, dass ich den Schal von Max klaue[54]! Und Max
läuft einfach davon! Dann kommt der Trainer und sagt,
dass meine Eltern mich abholen sollen. Und dann sage ich:
Ich wohne in Eltville und das ist weit weg und er soll lieber

● ● ●

[53] **verlegen**: Man hat das Gefühl, dass man etwas falsch gemacht hat.
[54] **klauen**: stehlen, wegnehmen

dich anrufen. Und der Trainer sagt, dieser Jens soll das machen und ich muss neben dem Tor bleiben, bis meine Schwester kommt und …"

„Deine Schwester?" Lana lacht. „Ich bin nicht deine Schwester. Und ‚dieser Jens' ist … Weißt du nicht, wer das ist?"

„Das ist ein echt guter Torwart! Er hat fast keine Bälle reingelassen[55]."

„Er ist ein Super-Torwart! Das ist Jens Winter! Nächste Saison wechselt er direkt von der U19-Mannschaft zur Bundesliga-Mannschaft! Er ist richtig sympathisch[56], oder? Und er hat jetzt meine Handynummer!" Lana lächelt[57].

„Aber noch wichtiger ist, dass wir den Schal haben. Zum Glück hat der Trainer verstanden, dass wir eine Patchwork-Familie sind und dass der Schal meinem, na ja, unserem Vater gehört. Ich verstehe nur nicht, warum der Schal in Eltville war. Warum hat Papa ihn mitgenommen?"

„Deinen Vater und meine Mutter kann man nicht verstehen", sagt Sebastian. „Sie gehen durch eine schwierige Phase!"

Lana lacht: „Da hast du recht. Übrigens, wo ist Max?"

„Bei seinem Onkel. Er wohnt hier in der Nähe. Ich habe Max geschrieben, dass es mir leidtut. Aber er ist sauer. Er fährt nicht mit uns zurück. Das mit dem Schal tut mir auch leid, Lana. Ich wollte fragen, aber gestern Abend hatten alle so schlechte Laune[58]."

● ● ●

[55] **reinlassen**: hier: Der Ball geht ins Tor.

[56] **sympathisch**: nett

[57] **lächeln**: den Mund breit machen und freundlich schauen

[58] **die Laune**: die Stimmung; positiv oder negativ

„Ja, das stimmt."

„Sag mal, ist dein Vater wirklich Eintracht-Fan? Geht er zu den Spielen?", fragt Sebastian. „Vielleicht kann er mich mal ins Stadion mitnehmen."

5 „Denkst du immer nur an dich? Tja, Papa bekommt sogar VIP-Plätze. Aber er nimmt nur Leute mit, die seine Sachen nicht klauen."

„Ich habe den Schal nicht geklaut, nur ausgeliehen[59]! Du sagst deinem Vater nichts, oder?"

10 „Das weiß ich noch nicht." Lana steht auf. Sie will endlich wieder in die Stadt fahren. „Was mache ich jetzt mit dir?"

„Lass uns einfach nach Hause gehen. Wann fährt der nächste Zug?"

„Ich gehe noch nicht nach Eltville. Ich habe noch etwas vor."
15 Sie denkt kurz nach. „Du musst einfach mit mir kommen."

„Was hast du vor?", fragt Sebastian.

„Na ja, wenn du es wissen willst: Ich mache Straßenmusik."

„Was machst du? Wo machst du das? Was hast du in dem Koffer?"

20 „Das siehst du dann. Aber du sagst meinem Vater nichts. Verstanden?"

„Das weiß ich noch nicht", antwortet Sebastian.

●●●

[59] **ausleihen**: mitnehmen und später zurückbringen

Du bist dran!

Silbensalat!
Schreibe die Wörter richtig und ergänze die Texte.

ER-SAU ◆ TEN-WAR ◆ RÜCK-ZU
DI-STA-ON ◆ GE-AUF-REGT ◆ NER-TRAI

Sebastian ist zum ersten Mal im _____ (1)

und er ist sehr _____ (2). Max nimmt den Schal,

aber er gibt ihn Sebastian nicht _____ (3).

Sebastian ist _____ (4) und schlägt Max am Arm.

Der _____ (5) sieht alles. Sebastian muss

_____ (6) bis Lana kommt.

PLATZ-NINGS-TRAI ◆ HO-AB-LEN ◆ SE-UM-MU
NEN-KEN ◆ DY-HAN ◆ SIK-MU

Lana ist auf dem Weg ins Städel _____ (7), aber

ihr _____ (8) klingelt. Sie muss zum _____ (9)

fahren und Sebastian _____ (10). Dort

lernt sie Jens Winter _____ (11). Jetzt wollen Lana und

Sebastian in die Stadt fahren, denn Lana möchte

_____ (12) auf der Straße machen.

Tor! Tor! Tor!

der Schriftsteller

e Bratwurst

der Maler

Kapitel 4

s Schließfach

die Brezel

der Wurststand

s Akkordeon

die Käseplatte

Frankfurt, Freitagnachmittag

Sebastian und Lana steigen am Hauptbahnhof aus der Straßenbahn aus.

„Wir müssen kurz zu Goethe", sagt Lana.

„Ist er in deiner Klasse?"

5 „Was? Lernt ihr nichts in Eltville? Du kennst doch Goethe, oder?"

„Ach so, Goethe", antwortet Sebastian, aber er weiß nicht wirklich, wer das ist.

Auf dem Weg zum Städel Museum reden sie viel. Sebastian
10 erzählt von seinem Leben auf dem Weingut und, dass seine Mutter immer müde ist und nie Zeit hat, seit sie alles allein machen muss. Lana erzählt, warum sie gern in der Großstadt lebt. Sie will nicht, dass ihr Vater seine Arbeit bei der Bank aufgibt. Sie sagt, dass ihre Mutter Musiklehrerin
15 war. Lana und Sebastian kommen aus zwei Welten[60].

Im Städel Museum legen sie ihre Sachen in ein Schließfach und gehen in den ersten Stock. Und dort hängt es: *Goethe in der römischen Kampagne, J. Tischbein, 1787.*

„Gefällt dir das Bild?", fragt Lana.
20 „Du bist ein Freak. Niemand mag solche Bilder", flüstert[61] Sebastian. „Der Typ[62] trägt einen viel zu großen Mantel."

[60] **aus zwei Welten kommen**: hier: Sie haben ganz andere Lebens-
erfahrungen.
[61] **flüstern**: sehr leise sprechen
[62] **der Typ**: hier: der Mann

„Der ‚Typ‘ ist der weltberühmte Schriftsteller Johann
Wolfgang von Goethe und das Bild ist wunderschön. Es ist
mein Glücksbringer. Weißt du, warum? Siehst du seine
Füße?"
„Bringen schwarze Schuhe Glück?"

5

„Nein, aber schau die Füße genau an! Siehst du das nicht?
Er hat zwei linke Füße! Verstehst du, Sebastian? Der
berühmte[63] Maler Johann Heinrich Wilhelm Tischbein malt
den berühmten Schriftsteller Goethe und er macht so
einen Fehler[64]! Ist das nicht toll? Meine Mutter hat mir das
gezeigt und seitdem glaube ich das: Egal, welche Fehler ich
mache, am Ende geht es gut aus."

10

● ● ●

[63] **berühmt**: sehr bekannt
[64] **der Fehler**: etwas, das nicht richtig ist

Sebastian sieht Lana an. „Vermisst[65] du deine Mutter sehr?"

„Natürlich. Und du deinen Vater?"

„Ja, schon. Glaubst du, es ist ein Fehler, wenn meine Mutter deinen Vater heiratet? Es tut mir leid, aber ich will das nicht. Und du?"

5

„Ehrlich[66]? Nein, Sebastian, ich will das auch nicht. Aber vielleicht ist es kein Fehler. Vielleicht ist es für sie genau richtig."

„Und für uns?"

10 Sie lächelt. „Ich glaube, es geht gut aus! Wir schaffen das! Na? Wer hat das gesagt?"

„Goethe?"

„Nein! Angela Merkel[67]!"

„Ach so. Ich hoffe, du hast recht", sagt Sebastian. „Können

15 wir jetzt gehen? Ich habe Hunger."

„Du kannst nicht schon wieder Hunger haben! Du bekommst eine Bratwurst und dann suchen wir einen guten Platz in der Stadtmitte. Okay, Brüderchen?"

„Ja, aber: Ich bin nicht dein Bruder."

20 Bald finden sie einen Wurststand am Mainufer[68] und Sebastian kauft eine Bratwurst mit Senf und Ketchup. Sie laufen über den Eisernen Steg[69] und durch die Straßen bis zum Römerberg. Sie gehen über den großen Platz am Rathaus vorbei und kommen zur neuen Altstadt.

25 „Verstehst du, warum das Stadtviertel ‚neue Altstadt' heißt?", fragt Sebastian. „Ist es neu oder alt?"

● ● ●

[65] **vermissen**: traurig sein, dass etwas oder jemand nicht da ist
[66] **„Ehrlich?"**: hier: „Soll ich dir sagen, was ich wirklich denke?"
[67] **Angela Merkel**: Bundeskanzlerin in Deutschland (2005 bis 2021)
[68] **das Mainufer**: das Land direkt neben dem Fluss Main
[69] **Eiserner Steg**: eine Brücke in Frankfurt

„Neu und alt. Die Häuser sind neu, aber die Architektur ist alt. Die Idee ist nicht schlecht, aber es sieht ein bisschen aus wie in einem Märchen."

Die Uhr am Kaiserdom[70] schlägt halb vier. „So, wir haben noch eine Stunde", sagt Lana. „Hier ist ein guter Platz. Jetzt spiele ich. Was machst du?" Sie stellt den Klappstuhl auf, legt ihre Mütze auf den Boden und nimmt das Erhu aus dem Koffer.
„Was ist das?", fragt Sebastian.
„Das ist ein chinesisches Instrument. Es heißt Erhu. Es ist von meiner Mutter."
„War deine Mutter aus China?"
„Richtig."
„Ach, deshalb hast du so China-Augen!"
Lana starrt ihn an. Dann sagt sie ganz ruhig: „Sebastian, so etwas kannst du nicht sagen. Ich glaube nicht, dass du es böse meinst, aber solche Wörter können richtig wehtun[71]. Du meinst: ‚Deshalb hast du so schöne Augen.' Richtig?"
„Ja. Entschuldigung, Lana. Das war blöd von mir. Ich wollte dir echt nicht wehtun. Und … na ja, deine Augen sind wirklich schön."
„Ich weiß!" Sie lacht. „Erst denken, dann sprechen. Okay?"
Sebastian nickt[72] verlegen.
„Nun, ich spiele. Und was machst du?"
„Keine Ahnung[73]. Vielleicht bin ich dein Bottygart und passe auf dich und das Geld auf!"

● ● ●

[70] **der Dom**: eine große wichtige Kirche
[71] **wehtun**: schmerzen
[72] **nicken**: den Kopf von oben nach unten bewegen; hier: „Ja, das ist okay."
[73] **„Keine Ahnung."**: „Ich weiß es nicht."

„Junge, du bekommst Englisch-Nachhilfe[74] von mir! Es heißt
Bodyguard! Gut. Dann pass mal auf. Spätestens in einer
Stunde gehen wir zum Bahnhof."
„Alles klar."

5   Auf dem Weingut sind die Vorbereitungen für die
Weinprobe fertig. Die Scheune sieht sehr schön aus. Das
Gespräch beim Mittagessen war wichtig für Silke und Leo.
In Zukunft organisiert Silke zwei oder drei Aushilfen für
Weinproben. Leo wird seinen Job bei der Bank nicht
10 aufgeben, aber ab August will er drei Tage bei der Bank
und zwei Tage auf dem Weingut arbeiten.

● ● ●
[74] **die Nachhilfe**: Privatunterricht außerhalb der Schule

Am Nachmittag haben sie als Team gearbeitet. Jetzt stehen
sie in der Scheune und besprechen das Programm für
morgen. Leo soll die Gäste begrüßen, Sebastian soll die
Brezeln und Käseplatten auf die Tische stellen. Dann
präsentiert Silke die verschiedenen[75] Weine.
„Woher kommen die Gäste?", fragt Leo.
„Das weiß ich nicht, aber sie verstehen Englisch. Ich hoffe,
Sebastian spielt morgen Akkordeon. Die Gäste lieben das
und bleiben dann meistens länger und kaufen mehr."
„Sebastian spielt Akkordeon?"
„Ja, er ist richtig gut. Aber in letzter Zeit denkt er nur an
Computerspiele und Fußball."
„Na ja, er ist zwölf. Das ist normal. Übrigens, weißt du, wo
mein Eintracht-Schal ist?"
„Keine Ahnung. Brauchst du ihn?"
„Ja, ich will ihn Sebastian schenken[76]."
„Das ist lieb. Danke. Hoffentlich finden wir ihn dann
wieder!"
„Ja. Und vielleicht können wir im Herbst alle zu einem Spiel
ins Stadion gehen. Was meinst du?"
„Das finde ich eine schöne Idee. Sebastian freut sich ganz
sicher. So, ich glaube, wir sind hier fertig. Machen wir doch
einen Spaziergang am Rhein, bevor die Kinder zurück sind."

●●●
[75] **verschieden**: nicht gleich
[76] **schenken**: geben

Du bist dran!

A Lana (L) oder Sebastian (S)?

1. Wer steigt aus der Straßenbahn am
   Hauptbahnhof aus? _L, S_

2. Wer lebt gern in der Großstadt? _____

3. Wer will nicht, dass Leo und Silke heiraten? _____

4. Wer kauft eine Bratwurst mit Senf und Ketchup? _____

5. Wer spielt Erhu in der neuen Altstadt? _____

6. Wer geht um halb fünf zum Bahnhof? _____

B Silke oder Leo? Verbinde die Namen mit den Satzenden.

1. Silke

a) soll die Gäste morgen begrüßen.

b) machen einen Spaziergang am Rhein.

2. Silke
   und Leo

c) will zwei oder drei Aushilfen organisieren.

d) haben am Nachmittag als Team gearbeitet.

3. Leo

e) möchte Sebastian den Schal schenken.

Entdeckertour:
Lesen, Schreiben, Rechnen

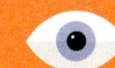

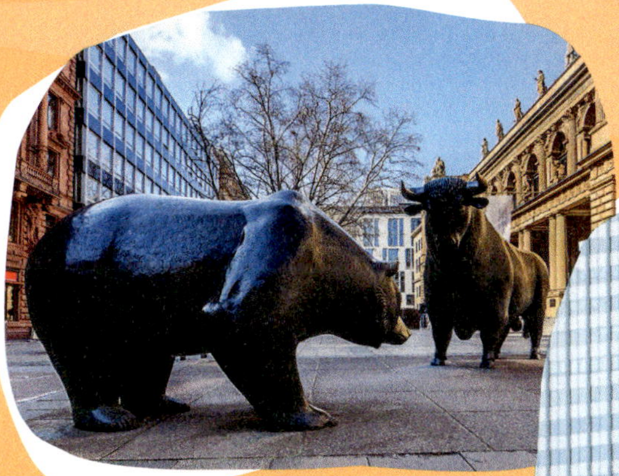

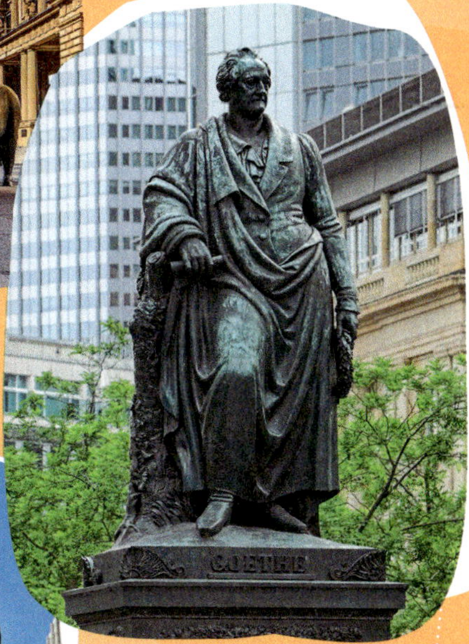

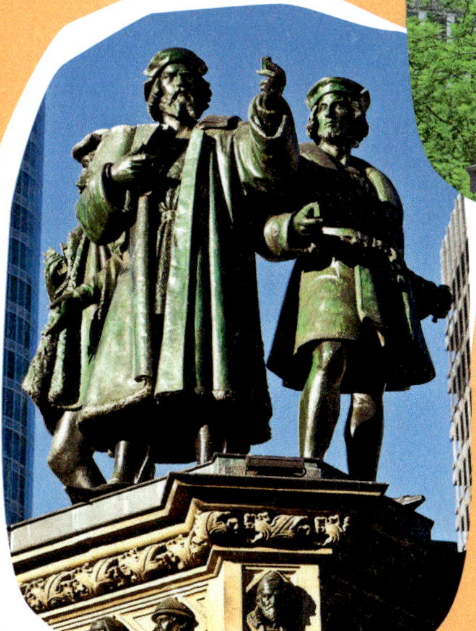

flüstern

der Trainingsanzug

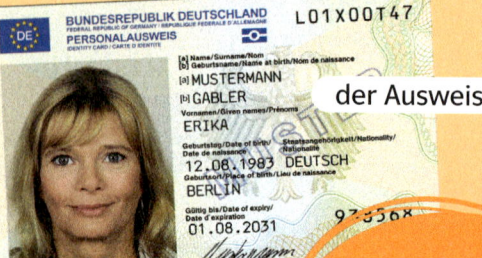

der Ausweis

Kapitel 5

die Orchidee

überrascht

lächeln

das Scheunentor

reich

Die Weinprobe

Im Zug zählen Sebastian und Lana das Geld. 34,20 Euro[77] in
einer Stunde! Nicht schlecht! Lana schenkt Sebastian 4,20
Euro und behält[78] den Rest.

„Warum machst du Straßenmusik?", fragt Sebastian. „Dein
Vater ist reich. Das Geld brauchst du sicher nicht."   5
„Es macht mir Spaß und ich spende[79] das Geld an ein
Hospiz. Dort hilft man Menschen, die bald sterben."
„Das ist toll", antwortet Sebastian. Er denkt kurz nach. Dann
sagt er: „Weißt du, ich spiele Akkordeon. Vielleicht kann ich
manchmal auch mitspielen. Was meinst du?"   10
Lana lächelt. „Das finde ich wunderbar, Basti."
„Sag nicht Bas… Ich meine, kannst du bitte Seb sagen?
Basti gefällt mir nicht mehr."
„Gerne, Seb! Ich glaube, wir sagen zu Hause nichts über
den Schal und nichts über die Straßenmusik.   15
Einverstanden?"
„Einverstanden. Aber am besten sagst du mir, wenn du
allein spielst. Nicht, dass dir etwas passiert!"
„Puh, jetzt hörst du dich wirklich wie ein Bruder an[80]! Aber
gut, ich sage es dir."   20
„Und noch etwas: dein T-Shirt. Warum schreibst du deinen
Namen mit einem großen A am Ende?"

● ● ●

[77] **Euro**: das Geld in der Europäischen Union; das Symbol: €
[78] **behalten**: nicht abgeben
[79] **spenden**: Geld für eine gute Sache geben
[80] **sich anhören wie**: hier: sprechen wie ein Bruder

„Wie gesagt, meine Mutter war aus China. Mein Name sollte chinesisch, aber auch europäisch sein. ‚Lanhuā‘ bedeutet auf Chinesisch Orchidee. Wenn du das schnell sagst, dann ist es fast wie Lana auf Deutsch, aber man muss das A am Ende länger sagen. In meinem Ausweis steht natürlich ‚Lana‘ mit einem kleinen a am Ende, aber ich mag lieber ‚LanA‘ mit einem großen A.“

Sebastian denkt wieder kurz nach: „Wir müssen noch sehr viel über einander lernen, oder?“

„Das stimmt. Aber es ist spannend[81], oder?“

„Ja, das denke ich auch.“

„Und jetzt gehe ich kurz zum WC und ziehe mich um. Das T-Shirt kennt mein Vater nicht. Und zu Hause hängst du den Schal sofort wieder an die Garderobe. Okay?“

„Alles klar, Lan-A-A-A!“

„Nicht so frech, Sebi!“

„Sag nicht Sebi zu mir!“ Beide lachen.

Es ist Samstag kurz vor 18 Uhr. Auf dem Weingut Leyering sitzen 20 Gäste aus Shanghai in der großen Scheune. Ihnen gefällt die Weinprobe. Sebastian spielt Akkordeon und die Gäste hören zu.

Lana kommt aufgeregt in die Scheune: „Papa, Sophie hat mir geschrieben. Ihre Eltern sagen, ich darf bei ihnen wohnen. So kann ich an meiner Schule bleiben. Ist das nicht toll? Und am Wochenende komme ich nach Eltville.“

„Ja, meine Süße[82], das ist toll. So machen wir das.“

Sebastian sieht Lana und sagt: „Hey Lana, spiel doch auch etwas.“

● ● ●
[81] **spannend**: hier: interessant
[82] **die Süße**: hier: Leo nennt seine Tochter „Süße“. Das ist ein Kosename.

Lana holt das Erhu und spielt. Die Gäste sind begeistert,
dass sie Musik aus ihrer Heimat hier in Deutschland hören.
Leo läuft von Tisch zu Tisch und spricht mit den Gästen.
Silke steht am Scheunentor und ist einfach glücklich.

„Entschuldigung, können wir zur Weinprobe?" 5
Silke dreht sich um. Dort stehen vier junge Männer. Alle
tragen Trainingsanzüge und sehen sehr sportlich aus. Silke
ist überrascht, aber sie lädt sie ein. Sie setzen sich an einen
Tisch.

Sebastian schaut vom Akkordeon auf und sieht die Männer. 10
Er wird rot im Gesicht und flüstert etwas zu Lana. Jetzt
schaut Lana auch zu den Männern. Dort sitzt Jens Winter
mit drei anderen Spielern von Eintracht Frankfurt. Lana
lächelt.

Die Sonne scheint in Eltville am Rhein. In der Altstadt, im
Rosengarten und am Fluss sind noch viele Touristen. Der
Rhein fließt nach Norden – wie immer. Die Hügel sind
grün – wie immer. Die Weinreben stehen in geraden
Linien – wie immer. Eltville ist eine Stadt wie aus einem
Märchen – schön, ruhig und harmonisch.

Eintracht in Eltville!

Du bist dran!

A Wähle die richtige Antwort.

1. Wie viel Geld hat Lana in einer Stunde bekommen?
   a) 42,30 Euro   b) 34,20 Euro   c) 32,40 Euro

2. Aus welcher Stadt kommen die Gäste?
   a) Shanghai   b) Seoul   c) Singapur

3. Wer sind die vier jungen Männer?
   a) Kollegen von Leo   b) Schulfreunde von Lana
   c) Fußballspieler von Eintracht Frankfurt

B Wo waren Lana und Sebastian? Schreibe diese acht Orte aus der Lektüre richtig.

1. Frankfurt _____ (hutHapobhafn)

2. Einkaufs_____ Skyline Plaza (truzmen)

3. Pauls_____ (hicker)

4. das _____ von Eintracht Frankfurt (ditnaoS)

5. der _____kratzer Grand Tower (Welonk)

6. Städel _____ (usuMem)

7. Neue _____ (slattdAt)

8. _____ am Rhein (vitElell)

Lecker!

Notizen